Maréchal DE MOLTKE

QUESTIONS

DE

TACTIQUE APPLIQUÉE

TRAITÉES DE 1858 A 1882

AU GRAND ÉTAT-MAJOR ALLEMAND

PARIS. — IMPRIMERIE L. BAUDOIN, 2, RUE CHRISTINE.

Maréchal DE MOLTKE

QUESTIONS
DE

TACTIQUE APPLIQUÉE

TRAITÉES DE 1858 A 1882

AU GRAND ÉTAT-MAJOR ALLEMAND

THÈMES, SOLUTIONS ET CRITIQUES

DU MARÉCHAL

Publiés par la section historique du Grand État-Major allemand

TRADUIT DE L'ALLEMAND

Par le Capitaine RICHERT

PROFESSEUR A L'ÉCOLE SUPÉRIEURE DE GUERRE

ATLAS

DE 27 CARTES ET DE 11 CROQUIS

PARIS

LIBRAIRIE MILITAIRE DE L. BAUDOIN

IMPRIMEUR-ÉDITEUR

30, RUE ET PASSAGE DAUPHINE, 30

1895

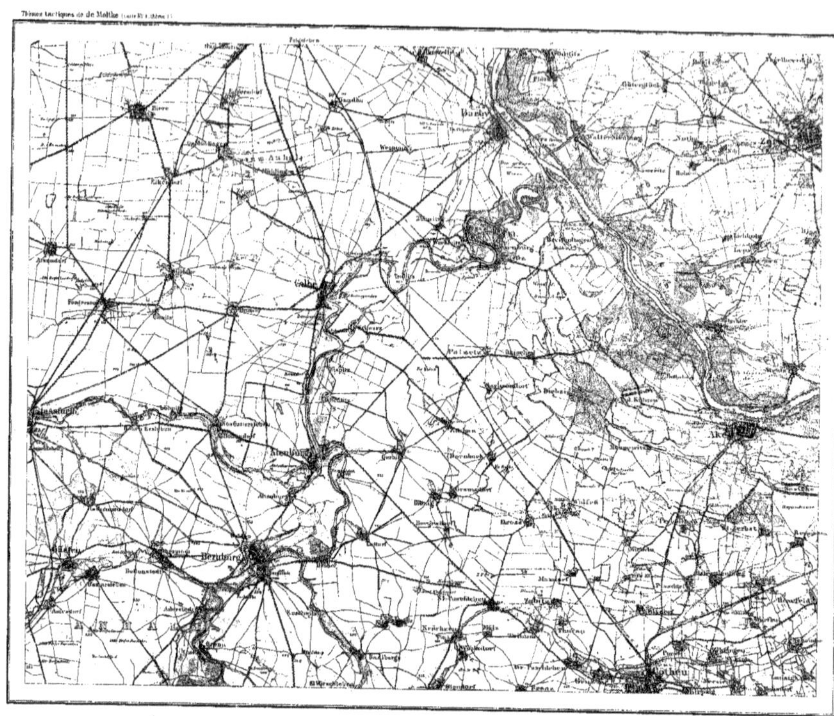
Thèmes tactiques de de Moltke
Échelle verbale.
Geogr. lith. Inst. u. Steindr. v. Wilhelm Greve, Berlin.

Echelle —
1 mille géographique - 7525 mètres.

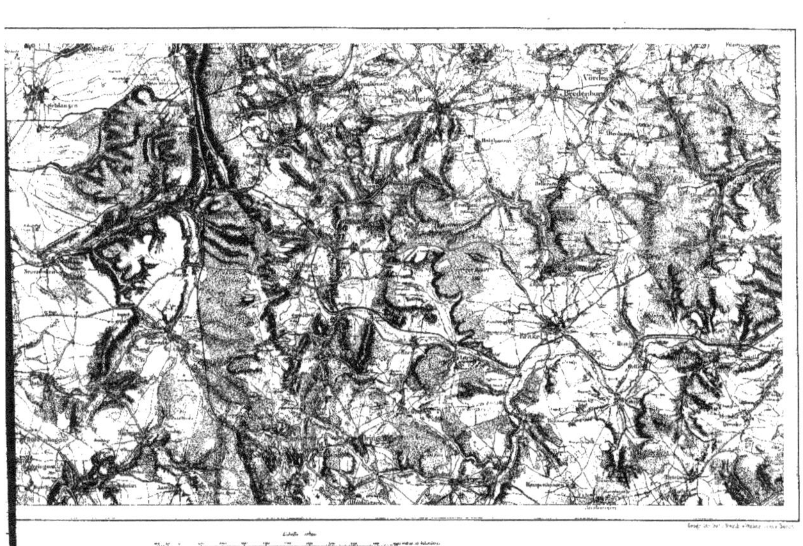

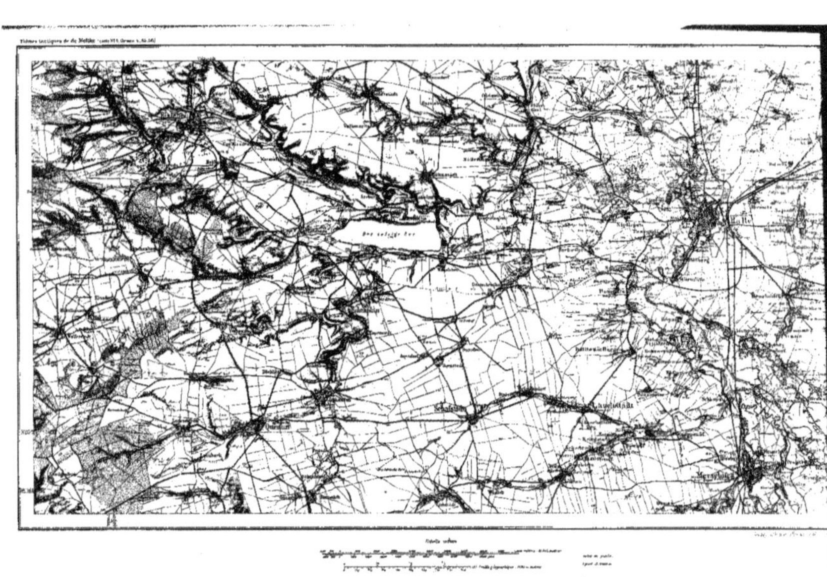

Echelle urbaine

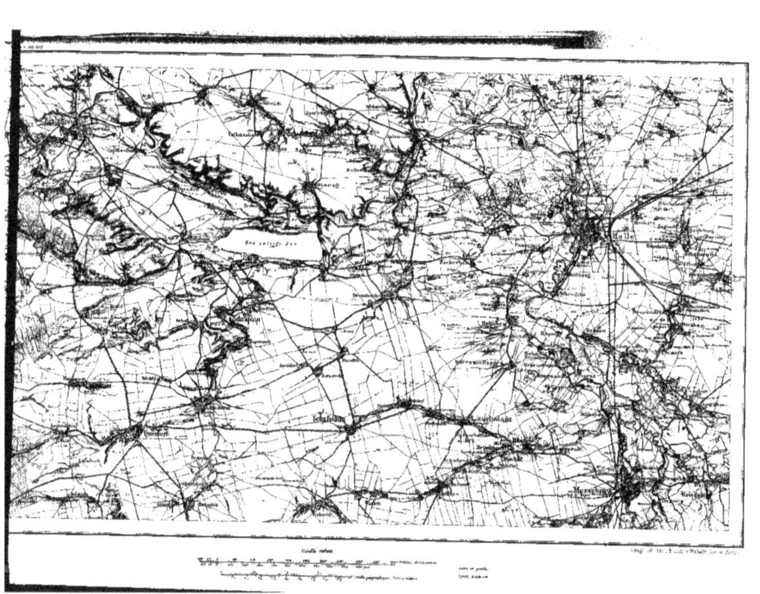

Echelle entière

Geogr. lith. inst. v. Steuder v. Waldheim Grewe, Berlin.

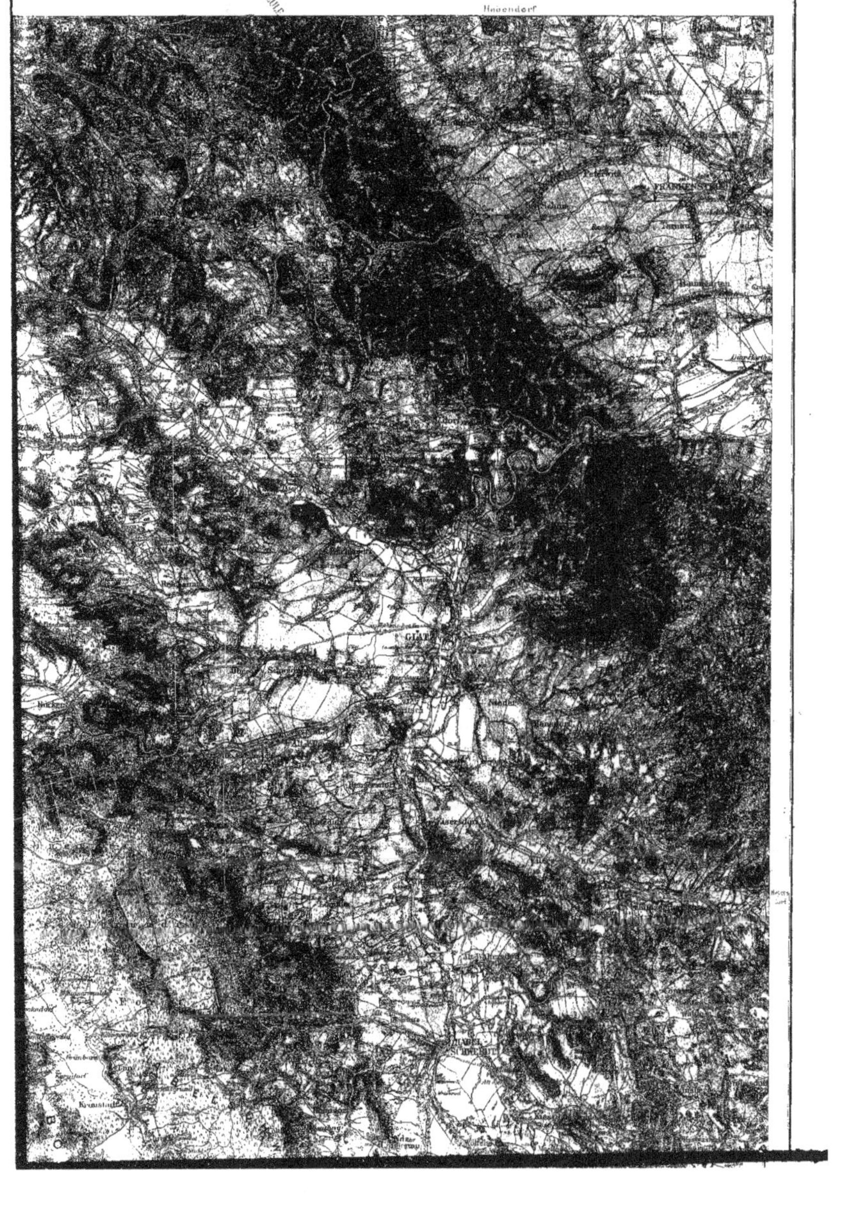

wald
Klösterle
dorf
Mohrau
Reuters
dorf
Geographische Anst. v. Wilhelm Greve, Berlin

Thèmes tactiques de de Moltke (carte N°6, thème 8)

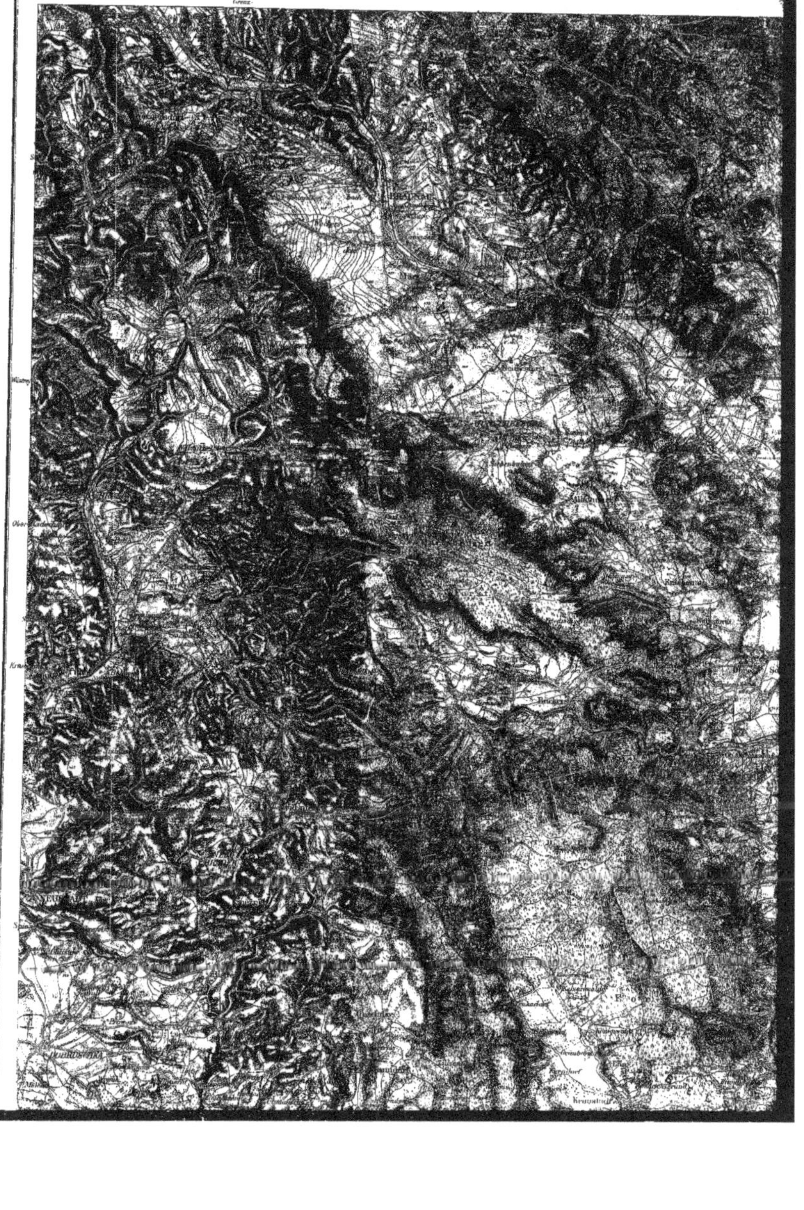

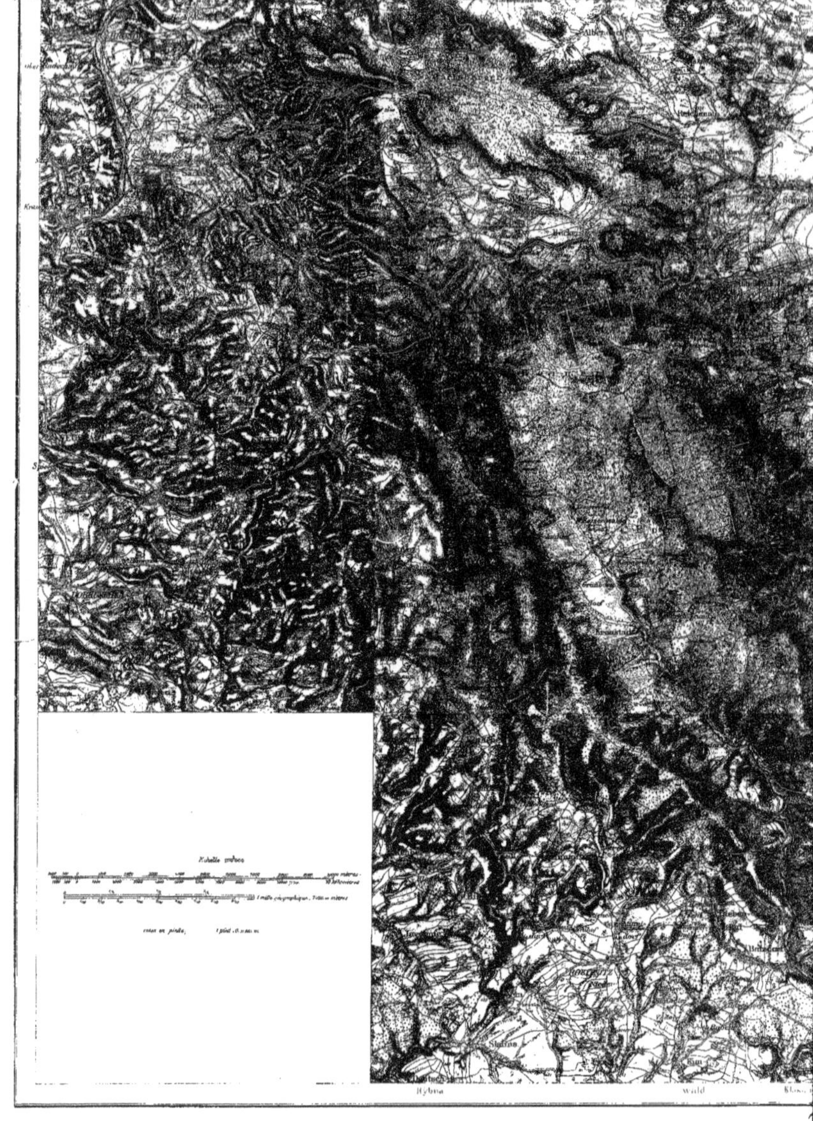

Echelle métrique
mille mètres.
10 kilomètres.
1 mille géographique, 7420 m mètres.
mesures en pieds,
1 pied : 0,31446 m.
Hybna
wald
Klos
Slatina

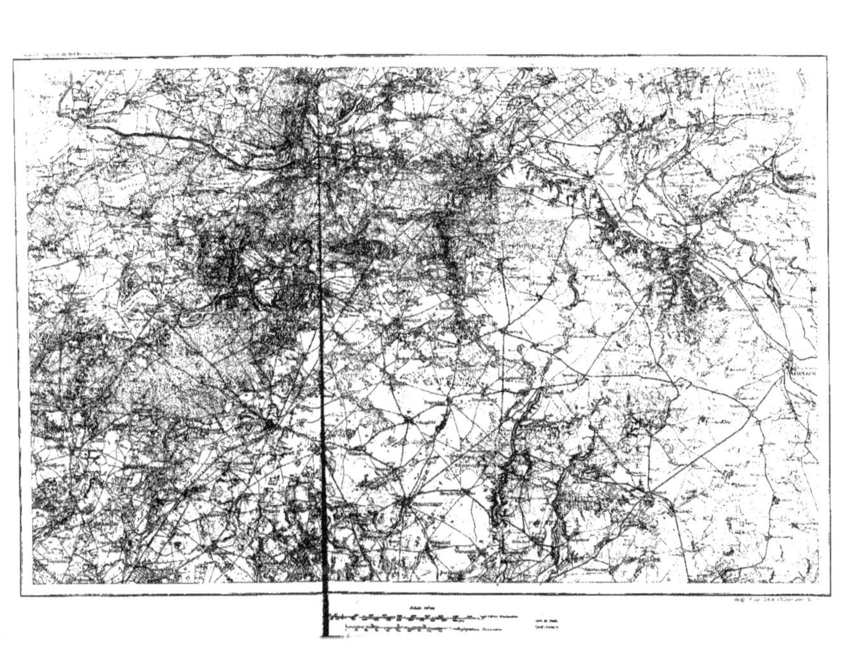

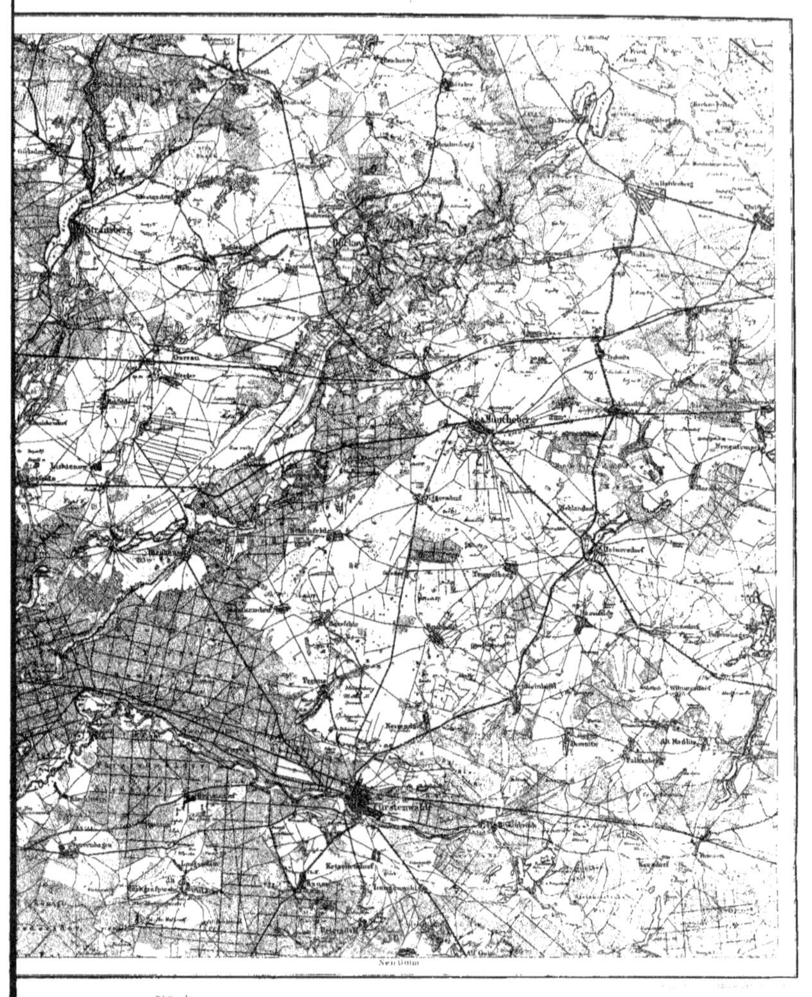

Neu Golm
Echelle

Thèmes tactiques de de Moltke (carte N° 9, thèmes 11-13, 21-24, 46-49)

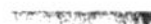

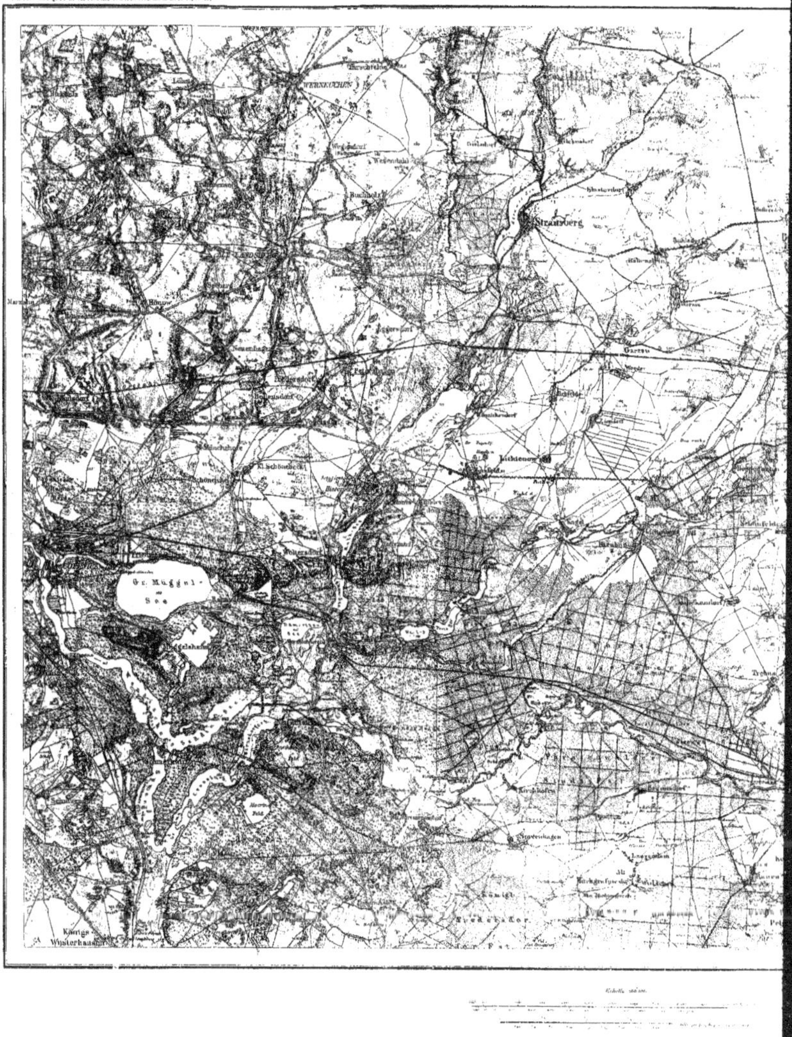

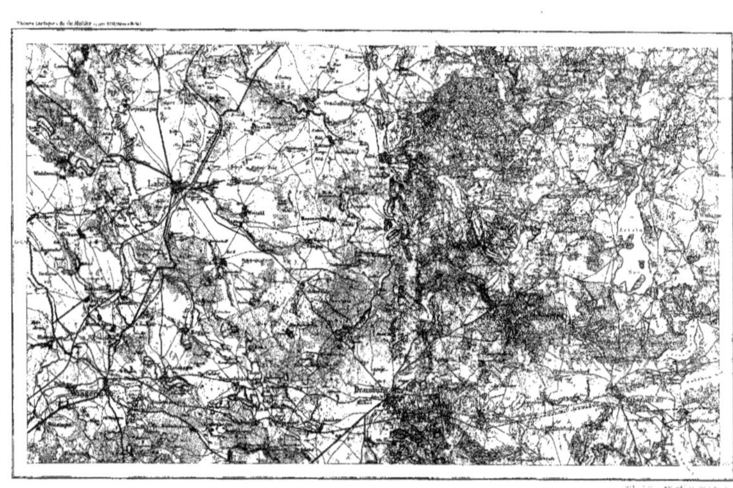

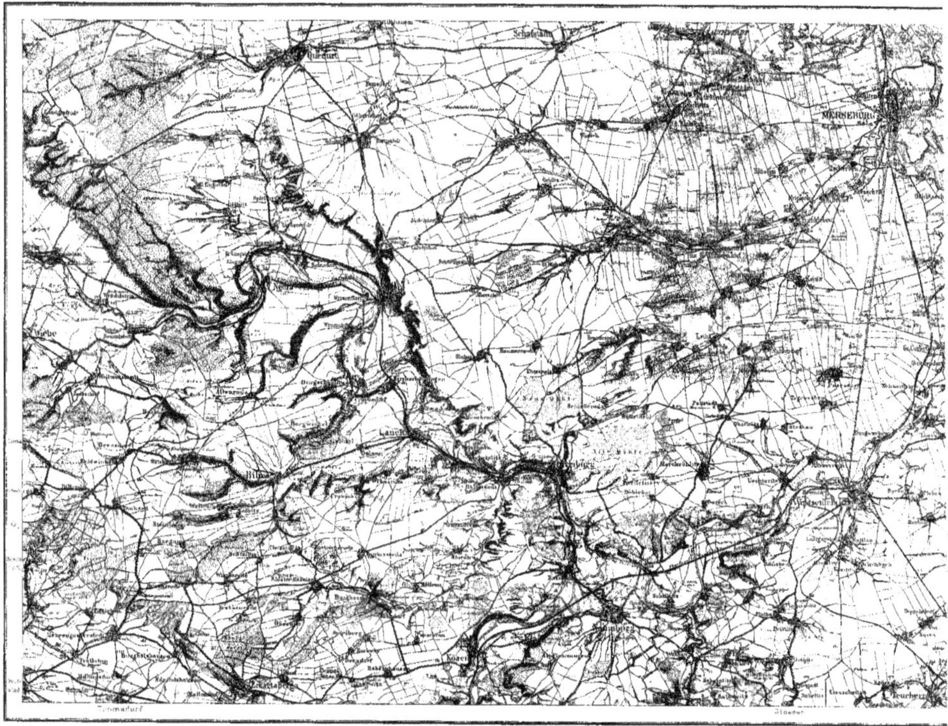

Querfurt
Schafstädt
MERSEBURG
Wiehe
Lauch
Bibra
Mücheln
Freyburg
Écrelle entière
Ploener
Teuchern

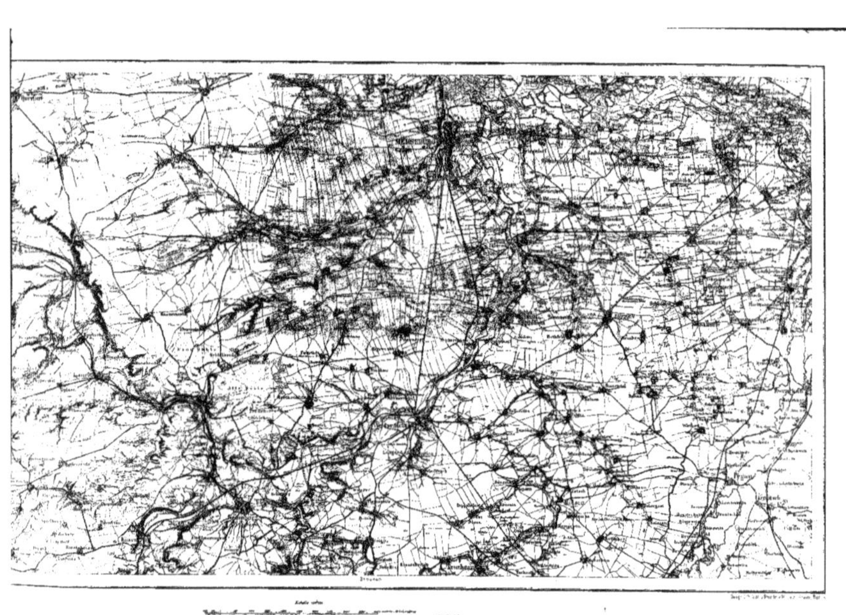

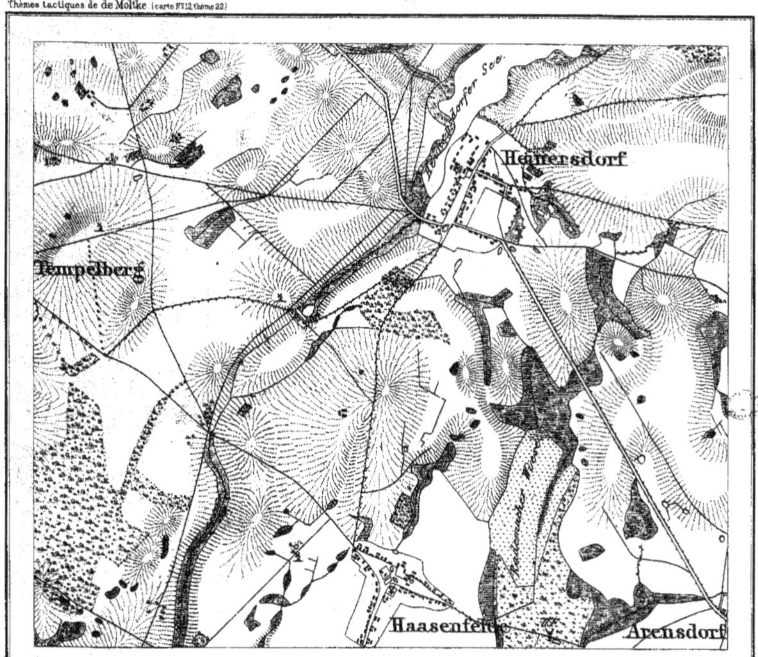

Geogr. lith. Inst. u. Steindr. v. Wilhelm Greve, Berlin.

Echelle métres

Geogr. lir. Inst. Steiner u. Wilhelm Greve Berlin.

Echelle

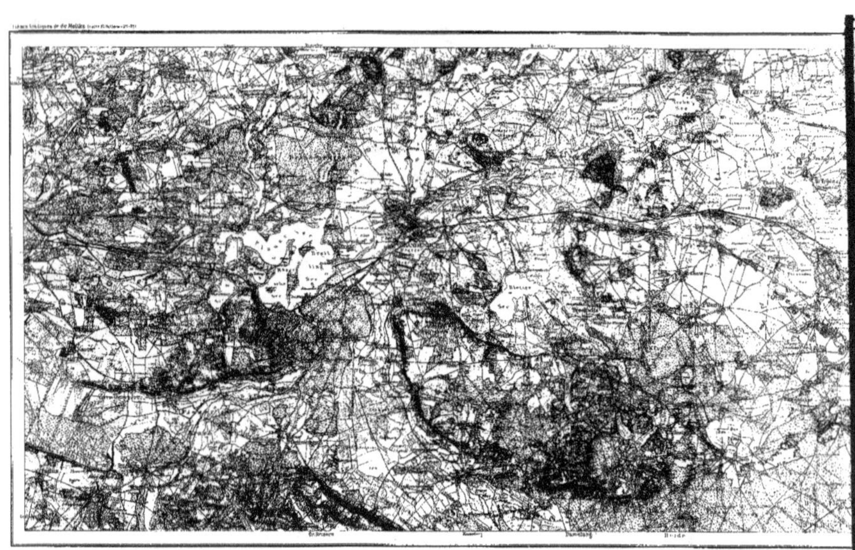

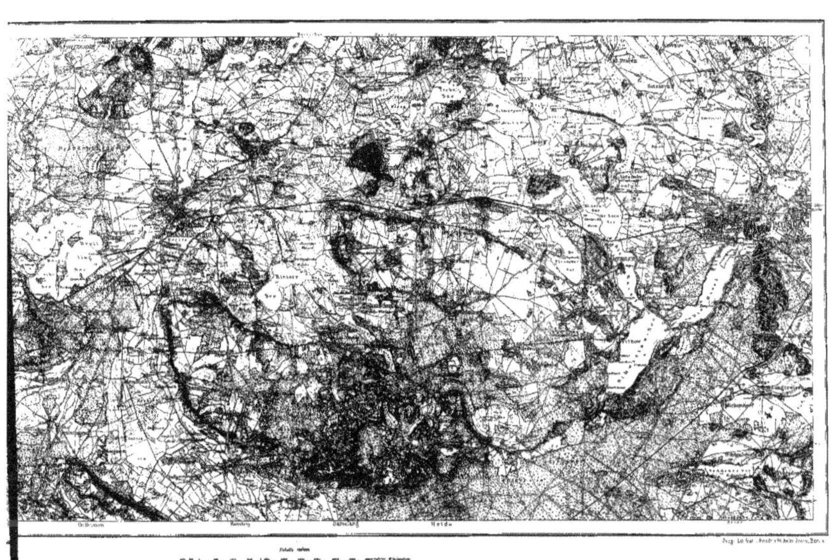

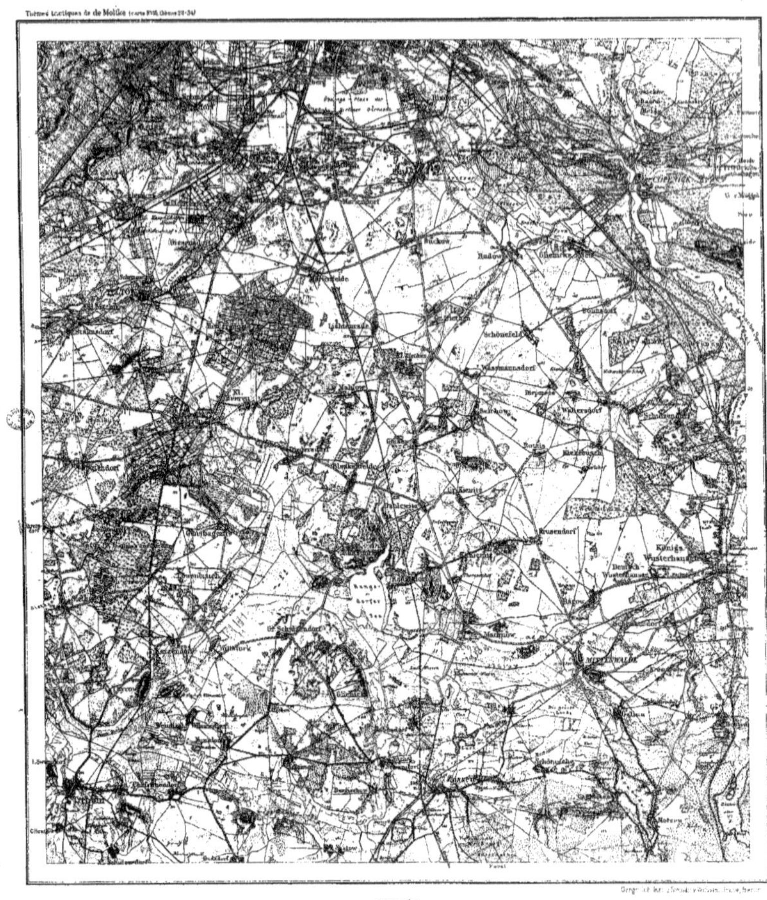

Échelle commune

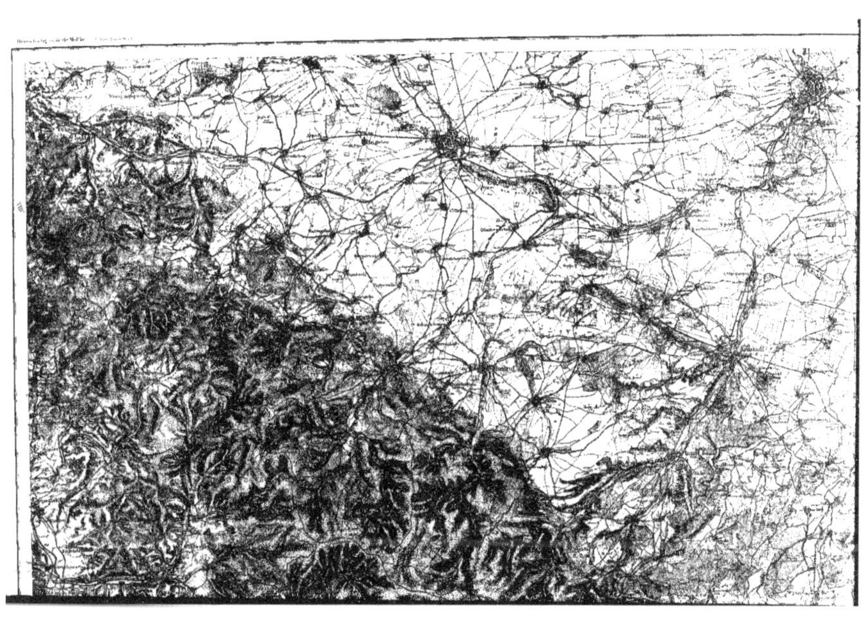

www.ingramcontent.com/pod-product-compliance
Lightning Source LLC
Chambersburg PA
CBHW071443030726
47594CB00006B/2803